Norbert Hoffmann · stufen-weise

Norbert Hoffmann

stufen-weise

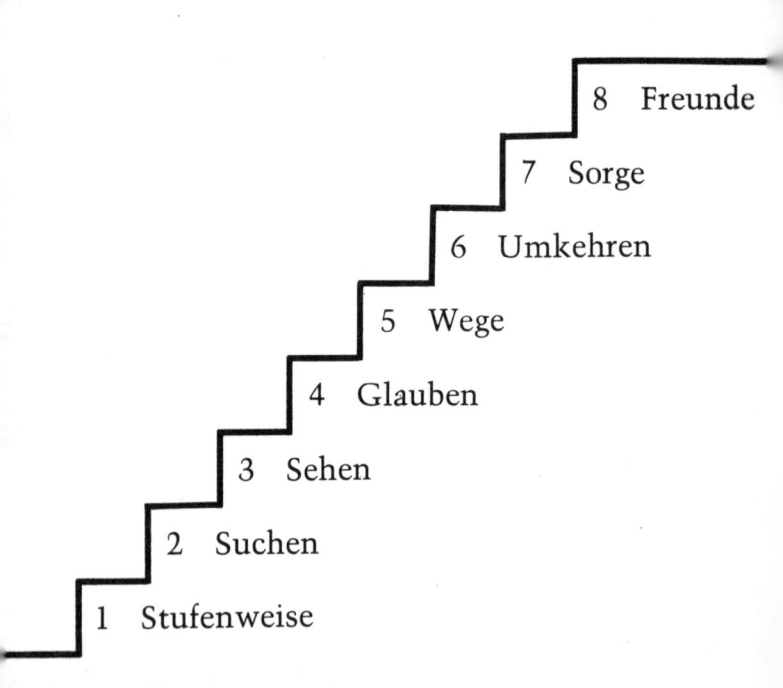

8 Freunde
7 Sorge
6 Umkehren
5 Wege
4 Glauben
3 Sehen
2 Suchen
1 Stufenweise

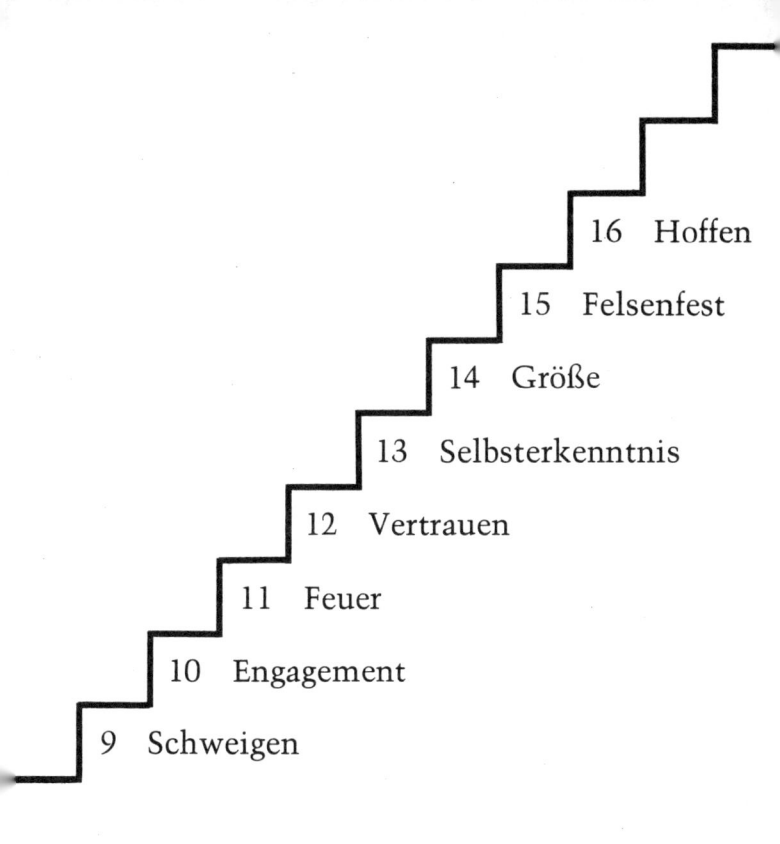

16 Hoffen
15 Felsenfest
14 Größe
13 Selbsterkenntnis
12 Vertrauen
11 Feuer
10 Engagement
9 Schweigen

Kletterhilfen für junge Menschen

BUTZON & BERCKER

Mitglied der »verlagsgruppe engagement«

Titelbild: Alte Tempelanlage der Inka in Machu Picchu/Peru.
Foto: Jürgen Heinemann. Entnommen aus: Kurtmartin Magiera/Jürgen Heinemann, ich habe dein gesicht gesehen oder: jesús lebt in ibimirim, panama-city und anderswo. 33 texte und fotos.
Verlag Butzon & Bercker, Kevelaer 1975. Bild 30.

CIP-Kurztitelaufnahme der Deutschen Bibliothek
Hoffmann, Norbert:
[Sammlung]
Stufen-weise: Kletterhilfen für junge Menschen /
Norbert Hoffmann. – Kevelaer: Butzon und
Bercker, 1981.
 ISBN 3-7666-9126-0

ISBN 3 7666 9126 0

© 1981 Verlag Butzon & Bercker D-4178 Kevelaer 1.
Alle Rechte vorbehalten.
Herstellung:
Bercker Graphischer Betrieb GmbH Kevelaer.

Inhalt

Vorwort   11

1. Stufe:
STUFENWEISE

Das Ziel vor Augen	15
Stufenweise oder: „Der gute Vorsatz"	16
Für den Himmel berufen	18
Der Herr ist mein Weggefährte	19

2. Stufe:
SUCHEN

Im Säuseln des Windes	21
Die Liebesgeschichte mit Gott	22
Du geheimnisvoller Gott	25
Ich ahne dich, Gott, mit meinem Herzen	26

3. Stufe:
SEHEN

Selig sind, die sehen	27
Augen	28
Befreie uns, damit wir sehen	31
Ich sehe dich mit meinen Augen	32

4. *Stufe:*
GLAUBEN

Der ungläubige Thomas	33
Ins Herz getroffen	34
Führe unsere Hände	37
Wie ein Schilfrohr im Wind	38

5. *Stufe:*
WEGE

Weglaufen	39
In den Tag hineinleben	40
Wir möchten auf dem Weg zu dir bleiben	43
Wie Spreu, die der Wind verweht	44

6. *Stufe:*
UMKEHREN

Der barmherzige Vater	45
Über die Gedankenlosigkeit der Söhne und Töchter	46
Du wartest auf uns	49
Der Herr verzeiht allen, die ihn lieben	50

7. *Stufe:*
SORGE

Von den Sorgen	51
Sorgenlitanei	52
Nimm uns die unnützen Sorgen	54
Mit seinen Sorgen der Sorge Gottes vertrauen	55

8. Stufe:
FREUNDE

Ihr seid meine Freunde	57
Freundschaft mit Gott	
(auch eine Gewissenserforschung)	58
Du hast uns deine Freunde genannt	61
Weil ich Gott zum Freund erwählte	62

9. Stufe:
SCHWEIGEN

Die Steine schreien	63
Schreiendes Schweigen	64
Gib uns den Mut zum Reden	67
Da konnte ich nicht mehr schweigen	68

10. Stufe:
ENGAGEMENT

Ich bin noch zu jung	69
Als hätten sie darauf gewartet	70
Laß uns deine Gegenwart erfahren	72
Ich bete mit ihnen	
vor deinem Angesicht	73

11. Stufe:
FEUER

Wie brennendes Feuer	75
Herr, du hast mich gepackt	76
Bleibe an unserer Seite, Herr	79
Wer sich packen läßt	80

12. Stufe:
VERTRAUEN

Warum habt ihr solche Angst?	81
Wer glaubt, der zittert nicht!	82
Dann spüren wir, daß du da bist	85
Weil der Herr bei mir ist	86

13. Stufe:
SELBSTERKENNTNIS

Maria Magdalena	87
Unsere Selbstgerechtigkeit richtet uns	88
Stecke unsere Herzen in Brand	91
Gib mich nicht auf, Herr	92

14. Stufe:
GRÖSSE

Rangstreit der Jünger	93
Neid ist die Wurzel	94
Jesus, unser Bruder	96
Das will ich nicht länger mit ansehen	97

15. Stufe:
FELSENFEST

Vom Haus auf dem Felsen	99
Auf Sand gebaut	100
Gib uns genügend Klugheit	102
Wenn der Herr das Haus nicht baut...	103

16. Stufe:
HOFFEN

Die Jakobsleiter	105
Wir haben einen Traum – und leben von Hoffnung	106
Gib du uns Halt	108
Der Herr ist unsere Hoffnung	109
Von unserer Pflicht, heilig zu werden	111
Nachwort	115

Vorwort

Denn Gott hat uns nicht dazu berufen,
unrein zu leben.
Vielmehr hat er uns dazu berufen,
heilig zu sein.

*Aus dem ersten Brief des Apostels Paulus
an die Thessalonicher (1 Thess 4, 7)*

An diese Aufforderung des Paulus habe ich mich erinnert, als am 10. Dezember 1979 im Fernsehen die Verleihung des Friedensnobelpreises an Mutter Teresa übertragen wurde. Mutter Teresa sagte da: „Natürlich bin ich ein Mensch wie jeder andere. Aber wir sind alle dazu aufgerufen, heilig zu sein. Und Heiligkeit ist kein Luxus für wenige, sondern Pflicht eines jeden Menschen. Mit Taten der Liebe können wir Frieden in die Welt und auch Frieden in unsere Herzen bringen. Wenn wir aber Frieden in unseren Herzen haben, dann sind wir heilig."

Das ist das Ziel und der Zweck dieses Buches: es soll uns helfen, „heilig" zu werden, uns dem Heil – Gott – zu nähern. Stück für Stück – Schritt für Schritt – Stufe für Stufe: eben stufen-weise.
Ich habe den Mut, das Wort „heilig" zu verwenden, obwohl es in der Vergangenheit und auch jetzt noch mit falschen und irreführenden Vorstellungen befrachtet ist. Meist wurden uns Heilige geschildert als Menschen, die schon fast von Geburt an heilig waren, die sozusagen ständig einen halben Meter

über dem Boden einherschwebten und jeden Bezug zur Wirklichkeit verloren hatten: Man hat die Heiligenbilder mit bunten, kitschigen Farben übertüncht, so daß meist vom wirklichen Bild dieser Männer und Frauen nichts mehr zu erkennen war. Wenn man jedoch die Tünche entfernt, entdeckt man Menschen, die sich tagtäglich bemüht haben, ein wenig besser zu werden; sich bemüht haben, die Welt ein wenig heller zu verlassen, als sie sie betreten haben, und ihr Menschsein im Sinne Jesu Christi zu verwirklichen.

Wer heilig werden will, darf nicht vor der Wirklichkeit fliehen. Er muß mit beiden Füßen fest auf dem Boden stehen – wie die Himmelsleiter des Jakob (vgl. Stufe 16), die auf dem Erdboden steht, fest in ihm verankert ist, damit sie den Himmel erreichen kann. Ich muß mich der Wirklichkeit stellen, um sie zu bewältigen. Zur Wirklichkeit gehört auch das Böse – Leid und Schuld. Ich muß die Fesseln spüren, damit ich mich über die Befreiung freuen kann. Die Stufen der Erkenntnis von Schuld: auch sie haben ihren Platz auf dem Weg zur Heiligkeit.

Ich habe die Schriftstellen gefunden,
die Erlebnisse erlebt,
die Gedanken sind mir gekommen,
die Gebete habe ich gebetet:
bei meinem persönlichen Bemühen,
mich Gott, dem Heil, zu nähern;
bei der Vorbereitung und Durchführung
von Einkehrtagen und Besinnungswochenenden;
bei der Vorbereitung von Jugendgottesdiensten
und Gebetsstunden.

Deshalb können diese Texte vielleicht auch Hilfen sein:
- für jemanden, der sich persönlich auf den Weg machen will in die Nähe Gottes;
- für die Vorbereitung von Einkehrtagen und Jugendgottesdiensten;
- für Gruppen, die miteinander nach Wegen suchen, heiliger zu werden,

die miteinander einen Weg gehen wollen:
Schritt für Schritt und Stufe für Stufe –
stufenweise.

Diesen Jugendlichen, die mich ein Stück ihres Weges Weggefährte sein ließen, widme ich die nachfolgenden Kapitel in großer Dankbarkeit.

Allerheiligen 1980 *Norbert Hoffmann*

1 Stufenweise

Das Ziel vor Augen

Nicht, daß ich es schon erreicht hätte
oder daß ich schon vollendet wäre.
Aber ich strebe danach, es zu ergreifen,
weil auch ich von Christus Jesus
ergriffen worden bin.
Eines aber tue ich:
Ich vergesse, was hinter mir liegt,
und strecke mich nach dem aus, was vor mir ist.
Das Ziel vor Augen,
jage ich nach dem Siegespreis:
der himmlischen Berufung,
die Gott uns in Christus Jesus schenkt.

*Aus dem Brief des Apostels Paulus
an die Philipper (Phil 3, 12.13 b.14)*

Paulus wurde etwa 10 n. Chr. in Tarsus geboren. Er war Jude, römischer Bürger und ein wütender Christenverfolger. Nachdem ihm – wie in der Apostelgeschichte berichtet wird – Christus vor Damaskus erschienen ist, wandelt er sich zum begeisterten Apostel. Vor allem den Heiden verkündet er in drei Missionsreisen das Evangelium, und er schreibt Briefe an die von ihm gegründeten Gemeinden. Etwa im Jahr 67 wird er während der Christenverfolgung des Kaisers Nero in Rom enthauptet.

Stufenweise oder:
„Der gute Vorsatz"

„Der Weg zur Hölle
ist mit guten Vorsätzen gepflastert",
sagte man einem Mann;
aber er schleppte immer neue Steine herbei,
um weiterzupflastern,
und er merkte gar nicht,
wie die vielen Steine die Böschung
herunterfielen.

„Der Weg zur Hölle
ist mit guten Vorsätzen gepflastert",
sagte ein anderer –
damit hatte er eine prima Entschuldigung,
und er tat von da an nichts mehr.

„Der Weg zur Hölle
ist mit guten Vorsätzen gepflastert",
dachte ein dritter,
so nahm er nur ein paar Steine
und machte daraus Stufen.
Dann schritt er gemessenen Schrittes,
wohlüberlegt und ohne Eile
von Stufe zu Stufe;
die eine übersprang er,
auf der anderen
verweilte er länger.
Er kam gut voran
von Stufe zu Stufe –
stufenweise,

von Stein zu Stein,
von Vorsatz zu Vorsatz.

Der Weg zur Hölle
sei mit guten Vorsätzen gepflastert,
fiel ihm ein.
„Nichts gegen das Wasser",
sagte er sich,
„aber eine Überschwemmung
ist eine Katastrophe."
„Nichts gegen das Geld",
sprach er,
„aber eine Inflation bringt nur Elend."
„Nichts gegen gute Vorsätze",
erkannte er,
„aber zu viele gute Vorsätze auf einmal sind
wie eine Überschwemmung,
wie eine Inflation."
Zu viele gute Vorsätze auf einmal können
– wahrhaftig –
den Weg zur Hölle pflastern.
Deshalb faßte er einen guten Vorsatz,
einen einzigen guten,
und der wurde dann
eine Stufe zum Himmel.

Für den Himmel berufen

Herr, unser Gott,
du hast uns für den Himmel berufen,
du willst, daß wir uns anstrengen,
das Ziel zu erreichen
und den Siegespreis zu erlangen.

Treibe uns an, damit wir endlich beginnen.
Schenke uns die Klugheit,
Schritt für Schritt voranzugehen.
Gib uns Mut, wenn wir einmal
eine Stufe nicht sofort schaffen.
Sende uns Weggefährten für unseren Weg.
Sei du unser Weggefährte
in deinem Sohn Jesus Christus.

Der Herr ist mein Weggefährte

Der Herr ist mein Hirte,
auf meinem Weg wird er mich begleiten.
Er wird mich stärken mit seiner Kraft
und ruhig werden lassen in seinem Frieden.
Er kennt meine Hoffnung;
er leitet mich auf dem rechten Weg.
Auch wenn ich Irrwege gehe und mich verlaufe,
wenn es dunkel um mich wird
und ich die Hoffnung verliere,
brauche ich mich nicht zu fürchten,
denn du bist ja bei mir.
Du schenkst mir alles,
was ich für meinen Weg brauche.
Ich werde glücklich sein mein Leben lang.
Ich darf bei dir sein, Herr, für alle Zeiten.

Nach Psalm 23

2 Suchen

Im Säuseln des Windes

Der Herr sprach zu Elija:
Komm heraus aus deiner Höhle
und tritt auf den Berg vor den Herrn.
Da zog der Herr vorüber.
Ein gewaltiger Sturm, der die Berge zerriß
und die Felsen zerbrach, zog vor ihm her,
aber der Herr war nicht im Sturm.
Nach dem Sturm kam ein Erdbeben,
aber der Herr war nicht im Erdbeben.
Nach dem Erdbeben kam ein Feuer,
aber der Herr war nicht im Feuer.
Nach dem Feuer kam ein stilles, sanftes Säuseln.
Als Elija das hörte,
verhüllte er sein Gesicht mit dem Mantel
und trat hinaus an den Eingang der Höhle.

Aus dem ersten Buch der Könige
(1 Kön 19, 11–13)

Elija war der größte Prophet des israelischen Nordreiches. Etwa um das Jahr 875 vor Christus trat er gegen den König von Israel (Ahab) auf, um den wahren Glauben an den einen Gott zu erhalten. Wegen seines Kampfes gegen den ungläubigen König mußte Elija in die Berge fliehen und sich in einer Höhle verstecken.

Die Liebesgeschichte mit Gott

Der Gott im Säuseln des Windes –
mit unseren Gedanken nicht zu denken,
mit unseren Worten nicht zu sprechen,
mit unseren Bildern nicht zu malen.
Nur zu ahnen und zu lieben.

Weil man Gott liebt, sucht man ihn.
Weil man ihn sucht, liebt man ihn.

Es ist wie bei dem jungen Mann,
der eine Brieffreundin hat.
Jahrelang gehen die Briefe hin und her.
Aus diesen Briefen ist viel
über die Freundin zu lesen, zu erkennen:
aus der Schrift und dem Inhalt,
den Zeichen und den Gedanken.
Der junge Mann beginnt,
sich ein Bild von seiner Freundin zu machen;
seine Phantasie beginnt,
ein Bild zu malen,
und es gefällt ihm.

Später liegt in einem Brief ein Bild.
Es ist anders als das Bild seiner Phantasie,
es ist viel schöner.
In dem Bild ist viel zu lesen über die Freundin:
über ihre Gedanken und ihr Wesen,
über ihre Seele.
Und der junge Mann beginnt,

sich ein Bild von der Seele
seiner Freundin zu machen,
seine Sinne beginnen, ein Bild zu malen,
und es gefällt ihm sehr.

Eines Tages geht der junge Mann zum Bahnhof,
um seine Freundin am Zug abzuholen.
Immer wieder holt er das Bild aus der Tasche
und aus den Gedanken.
Ein Mädchen steigt aus dem Zug.
Nichts stimmt überein:
das Bild nicht mit der Wirklichkeit,
die Wahrheit nicht mit den Gedanken.
Keines der Bilder stimmt,
die sich einer vom anderen gemacht hat.
Bilder waren es eben.

Sie treffen sich öfter, lernen sich kennen,
beginnen, sich zu mögen,
und sie beschließen eines Tages,
alle Briefe und Bilder zu verbrennen.
Sie schließen die Augen und
beginnen, mit dem Herzen zu sehen.
Da sehen sie,
alles ist falsch,
was wir mit den Augen gesehen haben,
was wir mit dem Verstand gedacht haben,
was wir mit der Phantasie gemalt haben.
Sie wissen, daß Liebe blind macht,
und sie sind glücklich darüber,
weil sie nun mit dem Herzen wirklich sehen.

Der Suchende findet die Spuren Gottes,
er ahnt in der Natur seine Schönheit und Kraft;

er hört von Gott in den heiligen Schriften;
seine Phantasie wird von Kunstwerken angeregt;
in guten Menschen begegnet ihm die Güte Gottes.

Dem Liebenden aber
begegnet Gott schon im Säuseln des Windes.
Weil er mit seinem Herzen mehr sieht
als alle anderen.

Du geheimnisvoller Gott

Du geheimnisvoller und unsichtbarer Gott.
Seit Jahrtausenden suchen wir dich,
Tag für Tag – seit es Menschen gibt –
versuchen wir, dich zu fassen.

Wir können dich mit unseren Gedanken
nicht denken.
Wir können dich mit unseren Worten
nicht sprechen.
Wir können dich mit unseren Bildern
nicht malen.
Wir können dich weder begreifen noch ergreifen.

Erfülle darum unser Herz mit Liebe,
damit wir dich mit sehendem Herzen
endlich finden.

*Ich ahne dich, Gott,
mit meinem Herzen*

Wie die Tiere des Waldes
nach frischem Wasser suchen,
so sucht meine Seele, Gott, nach dir.
Meine Seele verlangt nach dir,
nach dem Gott,
der alles Leben schafft und Leben ist.
Wann darf ich mich dir nähern,
wann darf ich dein Angesicht schauen?
Ich kann es nicht ertragen,
dir nicht zu begegnen, dich nicht zu finden.
Ich ahne in der Tiefe meiner Seele
das Glück deiner Gegenwart.
Doch Unruhe erfüllt mein Herz,
bis ich dich gefunden habe.
Ich warte auf dich, mein Gott,
mit ganzem Herzen;
ich sehe zu dir auf,
laß mich dich endlich schauen.

Nach Psalm 42

3 Sehen

Selig sind, die sehen

Jesus wandte sich an die Jünger
und sagte zu ihnen allein:
Selig sind die,
deren Augen sehen, was ihr seht!
Ich sage euch:
Viele Propheten und Könige wollten sehen,
was ihr seht,
und haben es nicht gesehen,
und wollten hören,
was ihr hört,
und haben es nicht gehört.

Aus dem Evangelium des Lukas
(Lk 10, 23–24)

Lukas war Arzt und Heide, bevor er zum Christentum gefunden hatte. Er gilt seit den frühesten Zeiten als der Verfasser des dritten Evangeliums und der Apostelgeschichte. Lukas war der Reisegefährte des Apostels Paulus von dessen zweiter Missionsreise an und starb etwa im Alter von 84 Jahren.

Augen

Auf dem Markt von Aubenas
habe ich ein Mädchen gesehen,
das war so schön, daß ich stehen blieb
und mich noch einmal umdrehte.
Und da konnte ich sehen,
daß die Schönheit dieses Mädchens
von ihren Augen her kam.
Ich kann mich nicht einmal
an die Farbe der Augen erinnern,
nur daran, daß diese Augen voller Leben waren,
daß dieses Leben überströmte auf das Gesicht,
und das gab ihm Schönheit.
Diese Augen waren voller Licht,
und das Licht ließ das ganze Gesicht erstrahlen.

Dann wurde ich traurig,
weil ich an die vielen Gesichter dachte,
denen ich begegnet bin:
mit Augen, die tot sind wie verfallene Gräber,
weil es nichts mehr gibt,
an dem sie Freude haben,
weil sie alles schon gesehen haben,
ja, weil sie sich über nichts mehr freuen können.
Ich dachte an die Augen,
die leer sind wie ausgeplünderte Schaufenster,
in denen nichts mehr vorhanden ist
an Leben, an Licht, an Würde,
weil sie alles – weil sie sich selbst
ausverkauft haben zu herabgesetzten Preisen.

Und mir ist klar, daß diese Augen
nicht von Anfang an so gewesen sind.
Am Anfang waren es alle die Augen von Kindern:
Augen, die Licht ausstrahlen
und Licht hereinlassen;
Augen, die lebendig sind
und mit Leben erfüllen;
Augen, die offen sind
für alles Gute und Schöne.

Am Anfang, da war das so:
da hatten wir alle Kinderaugen.
Wir haben eine Blume gesehen,
und sie war für uns
ein Meisterwerk des Schöpfers.
Wir haben ein Kunstwerk gesehen,
und wir bewunderten das Genie des Künstlers.
Wir haben Menschen gesehen,
und wir begegneten im geringsten Bruder
Jesus Christus.
Später, als wir älter geworden waren,
da haben wir uns auf den Weg gemacht,
auf dem Rücken einen Rucksack,
in dem alles drin war:
Lebensmittel, Kleidung, Schlafsack und Zelt.
Nun drückt die Last auf unseren Rücken,
sie drückt unser Gesicht nach unten;
es wird unmöglich, nach vorne zu sehen,
überhaupt noch etwas zu sehen,
außer den zwei Metern,
die direkt vor uns liegen.

Wenn wir zum zweiten Mal aufbrechen,
dann werden wir alles Überflüssige

zu Hause lassen,
wir werden unsere Last abwerfen,
wir werden uns von dem befreien,
was uns niederdrückt,
damit wir uns aufrichten können,
unser Gesicht erheben
und unsere Augen sehen können.

Wir sind auf dem Weg unseres Lebens
und schleppen unnütze Lasten
auf unserem Rücken:
den Streß und die Alltagshetzerei,
die Sorge um die Zukunft und das tägliche Brot,
Unfrieden mit uns, mit den anderen,
den Unfrieden mit Gott.
Und wir sehen nichts mit unseren Augen:
Wir sehen nicht die Schönheit der Schöpfung,
wir sehen nicht die Erhabenheit der Kunstwerke,
wir sehen nicht das Antlitz des Erlösers
im Gesicht des gequälten Weggefährten.

Und dabei könnten wir gelernt haben:
Wir können unsere Lasten abwerfen,
wir können uns befreien
von dem, was uns unfrei macht,
wir können die Hand Gottes ergreifen
und uns in das gelobte Land führen lassen.

Und wir werden uns erheben
aus der Last, die uns niederdrückt,
wir werden unseren Blick erheben,
wir werden wieder Augen haben von Kindern:
Augen der erlösten Kinder Gottes.

Befreie uns, damit wir sehen

Allmächtiger Gott,
du hast alles erschaffen.
Du hast uns auch unser Augenlicht geschenkt,
damit wir deine Schöpfung sehen
und deine Güte ausstrahlen.

Steh denen bei mit den traurigen Augen,
laß sie Freude erfahren.
Hilf denen mit den toten Augen,
laß sie das Leben neu entdecken.
Führe die mit den leeren Augen zu deinem Licht.
Laß uns in deiner Schöpfung
dich, den Schöpfer, erkennen.
Laß uns in den Kunstwerken
das Genie des Künstlers bewundern.
Laß uns in den geringsten Brüdern
deinem Angesicht begegnen.
Nimm die Lasten von uns,
die unser Gesicht niederdrücken.
Befreie uns, damit wir sehen.
Schenke uns wieder Augen wie von Kindern.

Ich sehe dich mit meinen Augen

Herr, wie gewaltig ist deine Kraft.
Sie ist zu erkennen in allen Geschöpfen.
Schon Kinder und Säuglinge loben dich,
so daß all deine Feinde verstummen.
Seh ich mit meinen Augen
den Himmel mit Sonne und Sternen,
erkenne ich dich
an dem Werk deiner Hände.
Seh ich den Menschen,
um den du dich sorgst,
erkenne ich in ihm
dein Abbild und Schaffen.
Du hast den Menschen eingesetzt,
über all deine Werke zu herrschen.
Dich lobt die ganze Schöpfung;
alle Geschöpfe bewundern deine Kraft.

Nach Psalm 8

4 Glauben

Der ungläubige Thomas

Dann sagte er zu Thomas:
Streck deinen Finger aus –
hier sind meine Hände!
Streck deine Hände aus
und leg sie in meine Seite,
und sei nicht ungläubig, sondern gläubig!
Thomas antwortete ihm:
Mein Herr und mein Gott!
Jesus sagte zu ihm:
Weil du mich gesehen hast, glaubst du.
Selig sind,
die nicht sehen und doch glauben.

Aus dem Evangelium des Johannes
(Joh 20, 27–29)

Johannes wurde zusammen mit Andreas als einer der ersten von Jesus berufen, wurde Apostel und Evangelist. Er hat sein Evangelium erst in hohem Alter geschrieben. Außerdem sind uns von ihm drei Briefe erhalten. Die Geheime Offenbarung wird ihm ebenfalls zugeschrieben.

Ins Herz getroffen

Spät am Abend,
nachdem wir mit den Benediktinern von Gerleve
die Komplet gesungen hatten,
machten wir noch eine Wanderung
in die Nacht hinein.
Einer der Jungen fragte plötzlich:
„Wie ist das eigentlich:
wenn einer, der nicht glaubt,
so etwas miterlebt,
wenn er diesen Gesang hört,
wenn er spürt, wie er innerlich still wird,
muß er dann nicht eigentlich an Gott glauben?"

„Eigentlich ja", antwortete ich,
„aber weißt du,
manchen Menschen könnte Gott
leibhaftig begegnen;
er könnte ihnen alles Gute tun,
was nur möglich ist –
und trotzdem werden sie sagen:
Ich glaube nicht!
Warum das so ist –
ich weiß es nicht."
Ich erzählte ihm dann die Geschichte
von dem ungläubigen Thomas,
wie der aus nächster Nähe
drei Jahre lang
mit eigenen Augen Jesus gesehen hatte:
Auf der Hochzeit zu Kana

hatte er jenen guten Wein getrunken.
Er war in dem Boot,
als Jesus den Sturm beruhigte.
Er stand neben Jesus,
als er Lahme und Blinde heilte.
Nach der Brotvermehrung sammelte er
mit den anderen Aposteln
zwölf Körbe voll übriggebliebener
Brotstücke ein.
Mit eigenen Augen hatte Thomas
die Macht Jesu erfahren:
er konnte sie beobachten,
nachprüfen, anfassen – schmecken;
er konnte sie sozusagen –
wenn diese Übertragung statthaft ist –
mit wissenschaftlichen Mitteln
messen und beweisen.
So würden wir vielleicht heute sagen.

Solange er Jesus mit eigenen Augen sehen,
mit den eigenen Sinnen wahrnehmen konnte,
solange Jesus „wissenschaftlich beweisbar" war,
hatte Thomas geglaubt.
Und dann?
Dann wurde Jesus gekreuzigt und war gestorben;
die Wunder und die Macht waren vergessen;
der Glaube, der sich auf eigenen Erfahrungen,
auf wissenschaftlich meßbaren Taten gründete,
dieser Glaube war zusammengebrochen
wie ein Kartenhaus.
Der auf sinnfälligen Beweisen begründete Glaube
hatte schon dem ersten Angriff
nicht standgehalten.
Wahrscheinlich liegt das daran,

daß alles Meßbare und Beweisbare
immer nur einen Ausschnitt
aus der gesamten Wirklichkeit umfaßt
und deshalb an der Oberfläche bleibt.
Meßbar sind die Schwingungen der Stimmbänder –
nicht aber der Sinn unserer Worte!
Beweisbar sind unsere Gehirnströme,
nicht aber die Tiefe der Gedanken!
Deshalb schwimmt auch ein Glaube,
der sich nur auf dieses Meßbare gründet,
zwangsläufig nur an der Oberfläche.
Deshalb wird solch ein oberflächlicher Glaube
auch hinweggefegt vom ersten Sturm,
der diesen Glauben bedroht.

Thomas glaubte,
nachdem er die Wunden berührt hatte.
Das war sein „wissenschaftlicher" Beweis.
Und doch war es mehr als
ein wissenschaftlicher Beweis:
Als Thomas die Wunden berührte,
war ihm die Liebe ins Herz gedrungen,
da hat Gott von ihm Besitz ergriffen.

Wenn ich einen Glauben will,
der Stürmen standhält,
der die Oberfläche durchstößt,
der mir ins Herz dringt,
dann muß ich die Wunden Jesu berühren,
die mir in den Wunden der Menschen begegnen.

Führe unsere Hände

Herr, unser Gott,
du willst, daß wir gläubig sind
und nicht ungläubig,
du willst, daß unser Glaube
in unserem Herzen verankert ist.

Wir bitten dich:
Öffne unsere Augen,
damit wir dich in unseren Brüdern erkennen;
führe unsere Hände,
damit wir deine Wunden berühren;
rühre unser Herz an,
damit deine Liebe darin eindringt;
schenke uns einen Glauben,
der fest in unserem Herzen verankert ist
und allen Stürmen trotzt. Amen.

Wie ein Schilfrohr im Wind

Danket dem Herrn, denn er ist gut,
und sein Erbarmen dauert ewig.
Wer kann alle Taten des Herrn verkünden,
wer kann von allen seinen Werken erzählen?
Schon in Ägypten dachten unsere Väter
nicht mehr an seine Wunder,
sie hatten vergessen, was er ihnen Gutes getan.
Trotzdem half er ihnen in ihrer Not,
er stand ihnen bei, als sie ihn brauchten.
Er befahl dem Meer, und es ward trocken,
er ließ sie durch die Fluten ziehen
mit trockenem Fuß.
Er half ihnen aus der Hand ihrer Feinde:
das Wasser überflutete die Ägypter.
Er gab ihnen Beweise seiner Macht,
sie sahen sie mit eigenen Augen.
Doch bald schon hatten sie
seine Macht vergessen;
wieder hatten sie ihren Glauben verloren.
Er wurde geknickt wie ein Schilfrohr im Wind,
weggefegt von dem ersten Sturm.
Der Herr jedoch hat sie nicht vergessen,
immer wieder von neuem erhört er ihr Flehen.
Danket dem Herrn, denn er ist gut,
und sein Erbarmen dauert ewig.

Nach Psalm 106

5 Wege

Weglaufen

Ein Mann hatte zwei Söhne.
Der jüngere von ihnen sagte zu seinem Vater:
Vater, gib mir das Erbteil, das mir zusteht.
Da teilte der Vater das Vermögen auf.
Nach wenigen Tagen packte
der jüngere Sohn alles zusammen
und zog in ein fernes Land.
Dort führte er ein zügelloses Leben
und verschleuderte sein Vermögen.

Aus dem Evangelium des Lukas
(Lk 15, 11 b–13)

Erläuterung zu Lukas siehe Stufe 3

In den Tag hineinleben –

das ist, als wenn der Sohn den Vater bittet:
„Vater, gib mir das Erbteil, das mir zusteht" –
und wenn er dann seine Siebensachen packt,
in ein fremdes Land zieht,
wenn er dort in Saus und Braus lebt
und sein Erbteil verschleudert.

In den Tag hineinleben –
das ist, als wenn einer morgen
auf große Fahrt geht
und sich um nichts kümmert:
das Auto hat er nicht startbereit gemacht,
er weiß nicht,
ob Benzin im Tank ist –
ob der Ölstand stimmt –
ob die Reifen in Ordnung sind –
und was sonst noch alles.
Er fährt einfach drauf los:
„Irgendwo werde ich schon ankommen!"
Das Ziel ist ihm gleichgültig,
Straßenkarten hat er nicht,
einen Routenplan braucht er nicht,
das Autoradio ist abgeschaltet –
der Kassettenrecorder läuft –,
und der Verkehrsfunk ist für die anderen da.

Drauflosfahren –
das ist auch mal ganz schön.
Nur darf ich mich nicht wundern,

wenn ich auf einmal mit leerem Tank da stehe,
wenn die Reifen platzen
und die Maschine hinüber ist,
wenn ich vier Stunden in einem Stau stehe –
dann werde ich sicher kein Ziel erreichen,
und dann darf ich mich nicht wundern.

In den Tag hineinleben:
das ist, als wenn ich mir keine Gedanken mache
über das Ziel meines Lebens,
wofür ich lebe, warum ich lebe –
wenn ich einfach drauflostlebe
ohne jede Orientierung,
ohne die „Straßenkarten" der heiligen Schrift,
ohne die Wegweiser Gottes,
ohne die „Verkehrsdurchsagen" der Verkündigung.

Ich werde auf dem Weg liegenbleiben,
wenn ich nicht darauf achte,
ob der „Ölstand" meines Herzens stimmt.
Wenn ich kein Mitgefühl im Herzen habe,
dann trockne ich aus.

Ich werde liegenbleiben,
wenn ich nicht ab und zu auftanke:
am Tisch des Wortes Gottes:
in der heiligen Schrift –
und am Tisch des Brotes:
in der heiligen Kommunion.

Ich bleibe liegen,
wenn ich nicht dann und wann
einmal Inspektion mache:
Gewissenserforschung mit mir allein

und in der Gemeinschaft derer,
die mit mir unterwegs sind – der Kirche.

Ich werde ins Rutschen kommen
und schließlich liegenbleiben,
wenn ich das Profil meiner Seele
abgeschliffen habe
mit meinen bequemen Ausreden
und meiner Anpasserei
an die geringsten Widerstände.

Es kann mal ganz schön sein,
einfach in den Tag hineinzuleben.
Aber ich darf mich nicht wundern,
wenn ich eines Tages leergebrannt im Stau stehe
und liegenbleibe,
wenn ich abgewrackt
auf dem Autofriedhof des Sinnlosen lande,
anstatt das Ziel des Himmels zu erreichen.

Und trotzdem:
das Wunderbare bei Gott ist,
daß ich selbst dann,
wenn ich mich total verfahren habe,
das Lenkrad herumreißen
und eine ganz andere Richtung einschlagen kann.
Und dann sehe ich schon von weitem
den Vater,
der mich mit ausgebreiteten Armen erwartet.

Wir möchten auf dem Weg zu dir bleiben

Gott, du unser guter Vater.
Wir sind deine Kinder,
und du hast uns mit dem Erbe
der Erlösung, der Vergebung
und der Gnade beschenkt.
Wie der verlorene Sohn
wissen wir oft dein Erbe nicht zu schätzen
und wenden uns immer wieder von dir ab.

Wir möchten den Weg zu dir finden
und auf dem Weg zu dir bleiben.
Steh uns bei.
Wir möchten deine Wegweiser lesen
und uns nach ihnen orientieren.
Öffne unsere Augen und Ohren.
Wir möchten auftanken
und neue Kraft finden.
Stärke uns.
Wir möchten nicht auf dem Weg liegenbleiben
und in der Sinnlosigkeit landen.
Hilf uns auf.

Ermutige uns,
das Steuer herumzureißen
und eine neue Richtung einzuschlagen.

Wie Spreu,
die der Wind verweht

Ein Mensch ist zu loben,
wenn er sich nicht
nach dem Rat der Gottlosen richtet,
wenn sein Weg sich nicht von Gott abwendet,
und wenn er Gott sucht, dann ist er zu loben.
Es ist ein kluger Mensch,
wenn er sich an den Wegweisern
Gottes orientiert.
Dann ist er wie ein Baum,
der an einem Wasserlauf gepflanzt ist,
dessen Blätter nicht welken
und der gute Frucht trägt.
Wenn er sich nach Gott richtet,
wird alles, was er tut, gelingen.
Wer sich von Gott abwendet,
gleicht Spreu, die der Wind verweht.
Er wird nie ans Ziel seines Weges gelangen
und wird auf Irrwegen liegenbleiben.
Denn der Herr sieht
den guten Willen eines Menschen,
er beschützt und leitet seine Wege.

Nach Psalm 1

6 Umkehren

Der barmherzige Vater

Da ging der Sohn in sich und sagte:
Wie viele Tagelöhner meines Vaters
haben mehr als genug zu essen,
und ich komme hier vor Hunger um.
Ich will aufbrechen
und zu meinem Vater gehen und zu ihm sagen:
Vater, ich habe mich gegen den Himmel
und gegen dich versündigt.
Ich bin nicht mehr wert, dein Sohn zu sein;
mach mich zu einem deiner Tagelöhner.
Dann brach er auf und ging zu seinem Vater.
Der Vater sah ihn schon von weitem kommen,
und er hatte Mitleid mit ihm.
Er lief dem Sohn entgegen,
fiel ihm um den Hals und küßte ihn.

Aus dem Evangelium des Lukas
(Lk 15, 17–20)

Erläuterung zu Lukas siehe Stufe 3

Über die Gedankenlosigkeit der Söhne und Töchter

Wenn mich jemand nach Gott fragen würde,
jemand, der noch nie von Gott gehört hat,
dann würde ich ihm das Gleichnis
vom barmherzigen Vater erzählen.
Von dem barmherzigen
und liebenden Vater
würde ich sprechen,
der auch heute noch
seinen Söhnen entgegeneilt,
sie umarmt und sie küßt.

Und ich würde berichten,
daß es auch heute noch
den verlorenen Sohn gibt,
der vom Vater wegläuft
und sich in der Fremde befindet,
der sich von ihm abwendet
und den Weg zurück nicht findet.

Der Unwissende würde mich erstaunt
ansehen und weiterfragen:
Wie kann das möglich sein:
Da gibt es einen Vater, der entgegengeht,
und Söhne, die ihm davonlaufen?
Da gibt es einen Vater, der verzeihen will,
und Söhne, die die Verzeihung nicht annehmen?
Da gibt es einen Vater, der befreien will,
und Söhne, die lieber in Gefangenschaft leben?
Hat dieser gute Vater

es denn immer noch nicht aufgegeben,
auf seine Söhne und Töchter zu warten?

Und als Antwort
würde ich den Fragenden an die Hand nehmen
und ihn in unsere Gemeinden führen,
in die Gemeinschaften
der Söhne und Töchter Gottes.
Ich würde ihm die Beichte erklären,
das Sakrament des barmherzigen Vaters.
Er würde sehen,
daß der Vater im Sakrament der Vergebung
vergeblich darauf wartet,
seine Söhne und Töchter
in die Arme zu schließen.

Der Unwissende würde nach Gründen suchen:
Kann es vielleicht sein,
daß die Söhne und Töchter heute
sich gar nicht vom Vater entfernt haben,
daß sie gar nicht sündigen?
Dann wären sie ja alle frei von Schuld!

Oder kann es vielleicht sein,
fragt der Unwissende,
daß die Söhne und Töchter
heute gar nicht merken,
wie sehr sie sich vom Vater entfernt haben?
Muß etwa erst eine Hungersnot hereinbrechen –
wie beim verlorenen Sohn –,
bis sie aufwachen vor Hunger
und nach Brot schreien?
Nach dem Brot des Geistes –
denn der Mensch lebt

nicht vom Brot allein.
Müssen erst die Fesseln
in ihr Fleisch schneiden,
bis sie von der Freiheit träumen?
Müssen sie erst sterbenskrank sein,
bis sie sich zum Arzt schleppen?

Das wird es wohl sein,
wird unser Unwissender erkennen,
und er wird abermals verständnislos
den Kopf schütteln.

Ich weiß nicht,
ob über den Vater, der nicht aufhört zu lieben,
oder über die Gedankenlosigkeit
seiner Söhne und Töchter.

Du wartest auf uns

Gott, du bist der barmherzige Vater,
du wartest auch heute auf uns,
du gehst uns entgegen,
du willst uns vergeben und befreien,
du hast uns immer noch nicht aufgegeben.

Es ist notwendig, daß wir unsere Fesseln spüren,
um Freiheit zu ersehnen.
Gib uns ein besseres Gespür.
Es ist notwendig,
daß wir unsere Schuld erkennen,
um Vergebung zu erbitten.
Ermutige uns
zu aufrichtiger Selbsteinschätzung.
Es ist notwendig,
daß wir feststellen:
Wir gehen in die falsche Richtung –,
um auf die Idee zum Umkehren zu kommen.
Sei du unser Wegweiser.
Es ist notwendig,
daß wir uns der Wirklichkeit stellen,
um sie zu bewältigen.
Gib uns dazu die nötige Kraft
durch deinen Sohn Jesus Christus.

Der Herr verzeiht allen,
die ihn lieben

Ich will den Herrn loben aus ganzem Herzen
für all das Gute, das er mir getan hat.
Er hat mir alle Schuld vergeben
und hat mich mit Vertrauen erfüllt.
Er hat mich vor dem Untergang gerettet
und mir immer wieder
seine Verzeihung geschenkt.
Mein Leben lang wurden mir seine Gaben zuteil,
er hat mir geholfen in aller Bedrängnis.
Dem Volk Israel hat er seine Wege gezeigt,
er half ihm und ließ es nicht allein.
Der Herr ist voll Erbarmen und voll Gnade,
voller Güte und Geduld mit uns Menschen.
Und wenn wir versagen, verzeiht er uns;
er wird uns unsere Schuld nicht nachtragen.
Denn so hoch das All
über der Erde sich erhebt,
so groß ist seine Nachsicht
für alle, die ihn ehren.
So weit der Aufgang der Sonne
entfernt ist von ihrem Untergang,
so weit nimmt er die Schuld
hinweg aus unseren Herzen.
Wie ein guter Vater seinen Kindern verzeiht,
so verzeiht auch der Herr allen,
die ihn lieben.

Nach Psalm 103

7 Sorge

Von den Sorgen

Macht euch also keine Sorgen und fragt nicht:
Was sollen wir essen? Was sollen wir trinken?
Was sollen wir anziehen?
Denn um all das geht es den Heiden.
Euer himmlischer Vater weiß,
daß ihr das alles braucht.
Euch aber muß es zuerst
um sein Reich und um seine Gerechtigkeit gehen;
dann wird euch alles andere dazugegeben.
Sorgt euch also nicht um morgen;
denn der morgige Tag wird
für sich selbst sorgen.
Jeder Tag hat genug eigene Plage.

Aus dem Evangelium des Matthäus
(Mt 6, 31–34)

Bevor Matthäus von Jesus zum Apostel berufen wurde, war er Zöllner. Über seine Berufung berichtet er selbst in Mt 9, 9. Es ist anzunehmen, daß Matthäus das Evangelium des Markus kannte und durch Reden Jesu ergänzte. Sein Evangelium schrieb er vor allem für die Judenchristen, weil er deren Sitten und Gebräuche als bekannt voraussetzt. Über das Leben des Matthäus ist sonst nichts Genaues bekannt.

Sorgenlitanei

Wir haben nichts als Sorgen im Kopf
um unser alltägliches Wohl:

Wir sorgen uns um unsere Nahrung
und ihre Haltbarkeit
und schütten mit leeren Konservendosen
und Einwegflaschen
unsere Landschaft zu.
Wir sorgen uns um schnelle Fortbewegung
und ersticken Blumen und Gräser
in Auspuffgasen.
Wir sorgen uns um Gesundheit und Wohlstand
und schweigen zur Tötung der Ungeborenen.
Wir sorgen uns um unsere Sicherheit
und könnten für jeden Panzer und Düsenjäger
ein Kinderkrankenhaus bauen.
Wir sorgen uns
um einen guten Abiturdurchschnitt
und zerstören Kameradschaft und Menschlichkeit
in der Schule.
Wir sorgen uns um Pelzmäntel und Seehundjacken,
und in Alaska
werden die Robbenbabies erschlagen.
Wir sorgen uns um hungernde Menschen
und bekommen für 100 Mark Entwicklungshilfe
130 Mark Industrieaufträge zurück.
Wir erfinden das Rad
und montieren es unter Kanonen.
Wir schaffen den Propeller

und schrauben ihn vor fliegende Bomben.
Wir entdecken das Feuer
und brennen Häuser nieder.
Wir schleifen das Messer
und stechen damit Menschen in den Rücken.

Wenn wir sehen wollen,
was unsere Sorgen anrichten,
dann brauchen wir nur
in die Zeitung,
in die Tagesschau
und in die Geschichtsbücher
zu blicken.
Schauen wir eine einfache Blume des Feldes an
oder einen Vogel des Himmels –
und wir erkennen,
was die Sorge Gottes vermag.

Wenn aber unsere Sorgen im Einklang stehen
mit der Sorge Gottes,
wenn unser Geist sich führen läßt
vom Geist Gottes,
wenn unsere Hände sich leiten lassen
von den Händen Gottes –
dann werden wir zwar
keine Welt verändern
und kein Paradies auf Erden schaffen,
aber wir werden
diese Welt ein wenig heller verlassen,
als wir sie betreten haben.

Nimm uns die unnützen Sorgen

Ewiger und guter Gott.
Du sorgst dich um uns mehr
als um die Lilien des Feldes
und um die Vögel des Himmels.
Und trotzdem machen wir uns oft
so viele unnütze Sorgen.

Laß unsere menschlichen Sorgen
im Einklang stehen mit deiner Sorge.
Führe unseren Geist mit deinem Geist.
Leite unsere Hände mit deinen Händen.
Nimm uns die unnützen Sorgen.
Laß uns vernünftig werden und dir vertrauen.

Dann werden wir mit deiner Hilfe
die Welt ein wenig heller verlassen,
als wir sie betreten haben.

*Mit seinen Sorgen
der Sorge Gottes vertrauen*

Herr, du weißt von mir, und du kennst mich;
du kennst meine geheimsten Gedanken.
Alles, was ich tue, ist dir bekannt,
kein Weg bleibt dir verborgen.
Selbst meine Gedanken weißt du,
bevor ich sie spreche.
Wie die Luft einen Baum,
so umgibst du mich von allen Seiten.
Dein Geist ist überall bei mir,
ich bin in deiner Sorge geborgen.
Überall, wo ich bin,
wird deine Hand mich leiten.
Ich danke dir für deine Sorge,
daß du mich umsorgst von Anbeginn.
All das kann mein Verstand nicht erfassen,
ich vertrau mich dir an, Gott, sei mir nahe.

Nach Psalm 139

8 Freunde

Ihr seid meine Freunde

Das ist mein Gebot:
Liebt einander,
so wie ich euch geliebt habe.
Es gibt keine größere Liebe,
als wenn einer sein Leben
für seine Freunde hingibt.
Ihr seid meine Freunde,
wenn ihr tut, was ich euch auftrage.
Ich nenne euch nicht mehr Knechte;
denn der Knecht weiß nicht,
was sein Herr tut.
Vielmehr habe ich euch Freunde genannt;
denn ich habe euch alles mitgeteilt,
was ich von meinem Vater gehört habe.

Aus dem Evangelium des Johannes
(Joh 15, 12–15)

Erläuterung zu Johannes siehe Stufe 4

Freundschaft mit Gott
(auch eine Gewissenserforschung)

An und für sich
gibt es für mich gar keinen Zweifel:
Freundschaft ist immer zweiseitig –
korrespondierend.
Eine einseitige „Freundschaft"
dürfte ich gar nicht so nennen;
höchstens vielleicht
Zuneigung oder Sympathie,
Mitleid oder Barmherzigkeit.
Freundschaft – wie Liebe –
lebt von der Wechselbeziehung.

Wenn Jesus mir sagt:
Du bist mein Freund! –
dann nehme ich das ernst,
weil ich weiß,
daß er mir *seinen* Teil der Freundschaft
schon gegeben hat:
Es gibt keine größere Liebe als die,
wenn einer sein Leben hingibt
für seine Freunde!

Jetzt ist es an mir,
auf die Freundschaft Jesu Antwort zu geben.

Und das ist ähnlich wie
bei einer Freundschaft zwischen Menschen:
Mit meinem Freund muß ich reden.
Die Freundschaft existiert nur,

solange ich mit dem Freund im Gespräch bin.
Wenn zwei Menschen
nicht mehr miteinander reden,
dann kann von Freundschaft
keine Rede mehr sein.
Das Gleiche gilt
für meine Freundschaft mit Gott:
Wenn ich mit Gott nicht rede
– reden mit Gott heißt „beten" –,
ist dann die Freundschaft nicht in Gefahr?
Vielleicht könnte beten auch heißen:
Sprechen mit Gott –
wie mit meinem besten Freund.
Mit dem spreche ich auch nicht nur,
wenn ich Sorgen habe,
wenn mich etwas bedrückt,
wenn ich seine Hilfe brauche.
Mit einem Freund bespreche ich alles –
gerade das macht ja Freundschaft aus;
ich teile mit meinem Freund
Leid und Freude,
davon lebt unsere Freundschaft –
auch die mit Gott.
Meinem Freund möchte ich Freude machen,
möchte ich Gutes tun,
weil Freundschaft Freude braucht
wie der Mensch Brot zum Leben.
Das Gleiche gilt
für meine Freundschaft mit Gott:
Gott mache ich Freude –
Gott tue ich Gutes,
wenn ich es dem „geringsten meiner Brüder" tue.
„Was du dem geringsten meiner Brüder tust,
das hast du mir getan."

Mit meinem Freund möchte ich zusammensein,
ich möchte ihm nahe sein;
da reicht kein Telefongespräch oder ein Brief
einmal im Monat –
das ist nur eine Brieffreundschaft.
Eine richtige Freundschaft existiert
im gemeinsamen Leben und Erleben.
Das Gleiche gilt auch
für meine Freundschaft mit Gott:
In der Eucharistie, in der Gestalt des Brotes,
will mir Gott nahe sein,
will sich Jesus Christus mit mir vereinigen.
Ja, ich kann doch nicht allen Ernstes
von einer Freundschaft mit Gott reden,
wenn mir für dieses Zusammensein
mit Jesus Christus,
für die Vereinigung mit ihm,
schon eine von 168 Stunden in der Woche
zu viel ist.

Das wäre dann
höchstens eine Brieffreundschaft.

Du hast uns
deine Freunde genannt

Herr und Bruder Jesus Christus.
Du hast uns deine Freunde genannt.
Du hast für uns das Größte getan,
was ein Freund für einen Freund tun kann:
du hast dein Leben für uns gegeben.

Laß mich deine Freundschaft
erkennen und annehmen.
Ich will Antwort geben
auf deine Freundschaft mit meinem Leben.
Gib uns die rechten Worte ein, wenn wir beten.
Laß uns beim Beten mit dir sprechen
wie mit einem guten Freund.
Hilf uns, daß wir dir
in dem geringsten unserer Brüder
unsere Freundschaft beweisen.
Laß uns deine Gegenwart erfahren
in der heiligen Eucharistie.

Weil du uns die Hand
deiner Freundschaft reichst,
wollen wir sie ergreifen.
Weil du unser Freund bist, sind wir gerettet.

Weil ich Gott zum Freund erwählte

Wen Gott, der Herr, beschützt,
wen der Herr zum Freund erwählt,
den kann kein Unheil treffen,
dem kann kein Feind schaden.
Denn Gott, dem ich vertraue,
rettet mich aus allem Verderben.
Er beschützt mich, wenn Gefahr mir droht;
seine Freundschaft ist mein bester Schutz.
Ich brauche mich vor nichts mehr zu fürchten,
denn der Herr ist bei mir.
Mir begegnet kein Unheil mehr,
weil ich Gott zum Freund erwählte.
Seinen Engeln hat er befohlen,
mich zu leiten auf all meinen Wegen.
Sie werden mich tragen auf ihren Händen,
dann kann mich nichts verletzen.
Denn das spricht der Herr:
Ich will ihn beschützen,
weil er mein Freund ist.

Nach Psalm 91

9 Schweigen

Die Steine schreien

Als er an die Stelle kam,
wo der Weg vom Ölberg hinabführt,
begannen alle Jünger freudig
und mit lauter Stimme
Gott zu loben wegen all der Wundertaten,
die sie erlebt hatten. Sie riefen:
Gepriesen sei der König,
der kommt im Namen des Herrn!
Im Himmel Friede
und Herrlichkeit in der Höhe!
Da riefen ihm einige
Pharisäer aus der Menge zu:
Meister, bring deine Jünger zum Schweigen!
Er erwiderte:
Ich sage euch:
Wenn sie schweigen,
werden die Steine schreien.

Aus dem Evangelium des Lukas
(Lk 19, 37–40)

Erläuterung zu Lukas siehe Stufe 3

Schreiendes Schweigen

Eigentlich sollte man zum Thema "Schweigen"
einfach schweigen.
Schweigen ist Gold – denke ich –
und beginne zu schweigen.

Dann sehe ich vor mir
die vielen Schweigenden auf dieser Welt:
die mit den zusammengekniffenen Lippen,
die aus Verbitterung schweigen;
die vielen schweigenden Gesichter,
die mir jeden Tag begegnen
und die einander totschweigen;
ich sehe auch die schweigenden Trappistinnen
in der Abtei Maria Frieden bei Dahlem,
die schweigend
die Hilferufe der Menschen vor Gott tragen.
Das Schweigen hat viele Gesichter.

Und während ich schweige, da höre ich –
und vielleicht höre ich nur, weil ich schweige –:
Ich höre die Todesschreie der Kinder,
die irgendwo von selbsternannten Diktatoren
zu Tode gequält werden.
Ich höre die Hinrichtungsgewehre
der Terroristenkommandos knattern.
Ich höre das leise Wimmern der Kinder,
die jede Minute sterben,
während wir ihnen das Brot wegessen.
Ich höre die Selbstanklage

des Pastors Niemöller:
Als die Nazis die Juden holten,
da habe ich geschwiegen,
denn ich war ja kein Jude;
als sie die Kommunisten abholten,
da habe ich geschwiegen,
denn ich war ja kein Kommunist;
als sie schließlich mich abholten,
da gab es keinen mehr, der reden konnte.

Ich höre in die Vergangenheit,
und ich vernehme das Schweigen
fast eines ganzen Volkes
vor den Toren der Konzentrationslager:
Wir haben nichts gewußt.
Viele konnten nichts wissen,
fast alle schwiegen.

Ich höre in die Gegenwart,
und ich vernehme das Schweigen
fast eines ganzen Volkes
vor den Toren der Kliniken,
in denen man abtreiben kann.
Die Not der Frauen,
die zu einem solchen Schritt
getrieben werden,
ist oft unbeschreiblich groß.
Auch davon:
Wir wissen nichts.
Wissen sie nichts?

Ich höre in die Zukunft,
und ich vernehme das Schweigen
einer ganzen Menschheit,

die die Erde kahlgefressen hat,
plattgewalzt und einbetoniert –
waffenstarrende Festungen
um einen einzigen Baum:
Wir haben nichts gewußt.

Aber ich höre auch die Stimme
der Mutter Teresa in Bombay,
mit der sie liebevoll ein weinendes Kind tröstet;
ich höre auch die Stimme des Papstes,
der in Mexiko die Rechte
der Unterdrückten einklagt;
ich höre auch den Chorgesang
der Benediktinermönche von Gerleve,
die in jahrhundertealten Melodien
und jahrtausendealten Worten
die Größe des Schöpfers preisen.
Und ich höre Jesus Christus:
Wenn sie schweigen, werden die Steine schreien.

Schweigen ist Gold,
aber das Märchen erzählt von einem Mann,
der war so versessen auf Gold,
daß er dafür seine Seele verkaufte.
Von da an wurde alles, was er berührte, zu Gold.
Für ihn gab es nichts anderes mehr als Gold.
Und es dauerte nicht lange,
da war er verhungert.
Schweigen ist Gold –
nur im Schweigen höre ich
die Wahrheit der Dinge,
aber eben diese Wahrheit
wird zu tödlichem Gold,
wenn ich sie totschweige.

Gib uns den Mut zum Reden

Herr Jesus Christus,
dreißig Jahre hast du geschwiegen
bis zu deiner ersten Predigt.
Auch während deines dreijährigen Wirkens
unter uns Menschen
hast du dich oft zurückgezogen und geschwiegen.
Aber auch du weißt,
daß es eine Zeit gibt zum Schweigen
und eine Zeit zum Reden.

Hilf uns zu erkennen,
wann es Zeit zu schweigen
und wann Zeit zum Reden ist.
Gib uns genügend Selbstbeherrschung,
wenn es zu schweigen gilt.
Erleuchte unseren Verstand,
und gib uns rechte Worte zum Reden ein.
Laß meine Stimme zur Stimme der Leidenden,
Unterdrückten und Gequälten werden.
Gib uns den Mut zum Reden,
auch wenn ein ganzes Volk schweigt.

Denn du wirst uns eines Tages
für jedes unserer Worte –
auch für die verschwiegenen
und totgeschwiegenen –
zur Rechenschaft ziehen.

Da konnte ich nicht mehr schweigen

Ich will auf mein Verhalten achten;
besonders darauf achten will ich, was ich rede.
Aus Vorsicht blieb ich darum stumm und still,
ich schwieg, um nicht unüberlegt zu reden.
Doch irgendwann wurde mein Schmerz zu groß,
mein Herz brannte von dem, was ich sah.
Das Unrecht und das Böse um mich herum
entzündeten in mir ein Feuer;
da konnte ich nicht mehr schweigen,
da mußte ich reden.
Herr, sage mir, wann ich sterbe,
laß mich erkennen, daß ich vergänglich bin.
Das Leben des Menschen ist kurz,
er rafft zusammen, was er bekommen kann;
er weiß nicht, was aus alledem wird
und macht viel Geschrei um nichts.
Rette mich, wenn mir der Tod begegnet,
rette mich und erhöre mein Schreien.
Schweige nicht, wenn ich zu dir rufe,
schweige nicht, wenn ich vor dir stehe.

Nach Psalm 39

10 Engagement

Ich bin noch zu jung

Und es erging an mich das Wort des Herrn:
Noch ehe ich dich bildete im Mutterleib,
habe ich dich erwählt;
ehe du aus dem Schoße hervorgingst,
habe ich dich geweiht:
zum Propheten für die Völker
habe ich dich bestimmt.
Da sprach ich:
Ach Herr, mein Gott,
ich verstehe ja nicht zu reden;
ich bin noch zu jung!

*Aus dem Buch des Propheten Jeremia
(Jer 1, 4–6)*

Jeremia gehört zu den großen Propheten des Alten Testaments. Schon sehr früh – als Jugendlicher – wurde er von Gott dazu gerufen, das Volk Israel zu Umkehr und Buße aufzurufen. Weil seine Drohungen aber den eigenen Landsleuten mißfielen, warfen sie ihn ins Gefängnis und entführten ihn später nach Ägypten. Trotz aller Mißerfolge predigte Jeremia nahezu fünfzig Jahre lang, etwa von 630–580 vor Christus.

Als hätten sie darauf gewartet

Am Abend hatten wir uns
am Lagerfeuer versammelt.
Die Gruppen waren alle
ins Basiscamp zurückgekehrt
von ihren Exkursionen im Languedoc.
Wir sprachen mit den jungen Gruppenleitern
über ihre Erlebnisse und ihre Erfahrungen.
Schöne Erlebnisse, prägende Begegnungen
sprühten hin und her
wie die Funken des prasselnden Feuers.
„Wie ist das denn
in eurer Gruppe gewesen
mit dem Beten?"
Die Frage barg Zündstoff;
Argumente und Entschuldigungen,
Notwendigkeiten und Schwierigkeiten
belebten die Runde.
„Wie können wir das tun?
Wir sind doch zu jung!
Wir würden doch nur ausgelacht!"
Bis einer aufstand und sagte:
„Wir sollten aufhören mit der Diskutiererei.
Wir sollten ehrlich zugeben:
im Grunde haben wir doch nur alle Angst,
vor unsere Kameraden hinzutreten
und mit ihnen zu beten!"
Und er erzählte die Geschichte,
wie eines Tages ein Vater
zu einem weisen Rabbi kam

und ihn fragte:
„Rabbi, was soll ich sagen,
um meine Söhne dazu zu bringen,
daß sie zu Gott, dem Allmächtigen beten?"
„Gar nichts!" sagte der Rabbi.
„Gar nichts sollst du sagen!
Du sollst hingehen und mit ihnen beten,
dann werden auch sie es tun.
Wenn du es ihnen nur *sagst*,
dann werden sie es genauso
mit ihren Kindern tun,
die mit ihren Kindern und so weiter,
und keiner wird je beten."

Es klingt unwahrscheinlich:
Aber wir gingen anschließend in unsere Gruppen
und beteten mit unseren Freunden.
Und manch einer von uns hatte das Gefühl,
als hätten sie schon lange darauf gewartet.

Vielleicht behindern wir
durch unsere
Mutlosigkeit und Furcht,
Entschuldigungen und Vorwände
den Weg Gottes
zu den Menschen,
für die wir Verantwortung haben.
Vielleicht haben wir vergessen,
daß Gott dem jungen Jeremia sagte:
„Fürchte dich nicht, mein Sohn,
denn ich bin bei dir
und werde dich retten.
Wort des Herrn."

Laß uns deine Gegenwart erfahren

Gott, du bist unser Schutz und Halt,
du bist bei uns auf unseren Wegen.

Du hast uns
unsere Brüder und Schwestern
anvertraut.
Trotzdem haben wir Angst,
mit ihnen von dir zu sprechen.
Nimm uns die Furcht vor den Menschen.

Du hast uns deine Worte in den Mund gelegt.
Trotzdem schrecken wir davor zurück,
sie zu sprechen;
ermutige uns, deinen Auftrag zu erfüllen.

Du hast dem jungen Jeremia gesagt:
„Ich bin bei dir."
Trotzdem tun wir oft so,
als wenn es dich nicht gäbe.
Laß uns deine Gegenwart erfahren
und andere durch uns.

Ich bete mit ihnen
vor deinem Angesicht

Mein Gott, mein Gott,
warum hast du mich verlassen,
warum hörst du nicht
auf meine Worte in der Not?
Mein Gott, ich rufe bei Tage,
und du antwortest nicht,
ich rufe des Nachts und finde keine Ruhe.
Zu dir schrien unsere Väter
und wurden gerettet,
sie vertrauten auf dich
und gingen nicht zugrunde.
Doch ich stehe da zum Spott für die Menschen;
sie schütteln den Kopf und lachen mich aus.
Und ich verlaß mich ganz auf dich;
du hast mich umsorgt seit meiner Geburt.
Errette mich, Herr, und sei mir nahe.
Herr, eile, mir zu helfen.
Dann will ich deinen Namen verkünden,
vor meinen Brüdern will ich dich preisen.
Ich bete mit ihnen vor deinem Angesicht,
ich will dir danken und dein Lob verkünden.
Dann werden sie niederfallen
vor dir, unserem Gott,
und werden die Knie beugen
vor dem Allerhöchsten.

Nach Psalm 22

11 Feuer

Wie brennendes Feuer

Du hast mich gepackt, Herr, und überwältigt,
du bist mit Gewalt über mich gekommen
und hast mich besiegt.
Ich wurde alle Tage zum Gelächter,
und jedermann spottete über mich.
Wenn ich mir aber vornahm,
ich will nicht mehr an dich denken
und nicht mehr in deinem Auftrag sprechen,
dann brannte in meinem Herzen ein Feuer auf.

Aus dem Buch des Propheten Jeremia
(Jer 20, 7 und 9a)

Erläuterung zu Jeremia siehe Stufe 10

Herr, du hast mich gepackt

Ich möchte so gerne sein wie die anderen,
ich möchte mich amüsieren und tun,
was ich will,
ich möchte nicht mehr ausgelacht werden,
ich möchte mich losreißen von dir, Herr,
aber du hast mich gepackt.

Die gleichen Worte habe ich gehört,
als ich diesen Brief las –
von einem 18jährigen Mädchen:
„Jetzt gehe ich schon fast zwei Jahre
mit meinem Freund.
Bisher haben wir uns unheimlich gut verstanden,
aber seit einiger Zeit muß ich mit ihm
immer wieder über Gott sprechen:
Ich muß ihm sagen, was mich erfüllt,
ich muß ihm von meinem Glauben erzählen.
Er lacht mich nur aus,
unsere Freundschaft droht zu zerbrechen.
Ich möchte gern schweigen,
damit alles wieder so ist wie zuvor.
Aber ich kann nicht,
ich komme von Gott nicht los."

Die gleichen Worte habe ich
von einem Gruppenleiter gehört.
„Ich müßte mehr für die Schule tun",
sagte er,
„ich spiele furchtbar gerne Handball,

aber ich kann doch die Kinder meiner Gruppe
nicht im Stich lassen.
Sie brauchen mich,
sie brauchen jemanden, der ihnen Bruder ist.
Ich würde gerne mit Freunden
in die Diskothek gehen,
aber die Augen der Kinder,
die haben mich gepackt
und lassen mich nicht los,
sie würden mich überall verfolgen."

Die gleichen Worte sagte mir eine Studentin.
„Ich kann mit keinem darüber sprechen,
alle würden mich auslachen.
Gott hat mich ergriffen,
er läßt mich nicht wieder los.
Ich habe mich bei den Schwestern
endlich angemeldet,
nächsten Sommer werde ich
ins Kloster eintreten."

Noch gestern habe ich
die gleichen Worte gehört
von einem 22jährigen jungen Mann:
„Seit einiger Zeit", sagte er,
„werde ich den Gedanken nicht mehr los
an die Zukurzgekommenen und Behinderten.
Sie laufen mir nach und holen mich ein,
ich möchte ihnen weglaufen,
aber sie sitzen mir im Nacken.
Ich weiß, was das für ein Leben sein wird,
aber ich sehe keinen anderen Weg für mich,
als nur da zu sein
für die Ärmsten der Menschen."

„Sehen Sie", sagte mir ein 50jähriger Arbeiter,
„sehen Sie sich meine Hände an.
Mein ganzes Leben lang
habe ich damit gearbeitet,
und jetzt haben sie mich rausgeschmissen.
Und nur, weil ich den Mund nicht halten konnte;
ich konnte nicht mehr mit ansehen,
wie der Vorarbeiter den Achmed
schikanierte, den Türken.
Ich konnte es einfach nicht mehr mit ansehen,
und da habe ich losgebrüllt."

Warum hast du ausgerechnet
mich ergriffen, Herr,
und nicht die anderen?
Warum hast du ausgerechnet
in meinem Herzen ein Feuer entzündet,
das ich nicht löschen kann?

Das stimmt nicht, spricht der Herr,
denn ich habe alle ergriffen,
ich habe alle berührt
mit der Hand meines Sohnes.
Aber die meisten haben solch ein dickes Fell,
daß sie meine Hand nicht spüren;
die meisten haben solch taube Ohren,
daß sie meinen Ruf nicht hören;
die meisten haben ein Herz aus Eis,
das jedes Feuer erstickt.

Bleibe an unserer Seite, Herr

Herr, du anspruchsvoller Gott.

Du hast in unseren Herzen ein Feuer entzündet,
wir aber neigen dazu, dein Feuer zu ersticken;
stecke uns so in Brand,
daß es uns nicht gelingt.

Du hast uns berührt mit der Hand
deines Sohnes, Jesus Christus,
wir aber versuchen immer wieder,
davor wegzulaufen;
ergreife uns, Herr, laß uns Ergriffene sein.

Du hast uns gepackt und läßt uns nicht los,
wir aber möchten uns losreißen
und unsere eigenen Wege gehen;
bleibe an unserer Seite, Herr,
laß nicht locker,
laß uns nicht entwischen.
Denn es besteht die Chance,
daß wir eines Tages begreifen:
dadurch daß du uns gepackt hast,
haben wir es gepackt.

Wer sich packen läßt

Wohl dem, der den Herrn fürchtet,
der seinen Weg nach ihm richtet.
Die Hand des Herrn wird ihn halten,
sie wird ihn schützen allezeit.
Dem Guten erstrahlt im Dunkel ein Licht,
sein Heil ist ihm sicher für ewige Zeiten.
Wer die Wege des Herrn geht
und sich fallen läßt in seine Hand,
wer sich packen läßt
von der Macht des Höchsten –
dessen Herz entbrennt von heiligem Feuer.
Der wird nie wanken in Stürmen und Wind,
der Herr wird ihn halten mit seiner Macht.
Er braucht nichts zu fürchten,
der Herr ist bei ihm.
Vor dem Herrn steht er hoch in Ehren,
und nichts wird ihm schaden.

Nach Psalm 112

12 Vertrauen

Warum habt ihr solche Angst?

Sie weckten Jesus und riefen:
Meister, kümmert es dich nicht,
daß wir zugrunde gehen?
Da stand er auf,
drohte dem Wind und sagte zu dem See:
Schweig, sei still!
Und der Wind legte sich,
und es trat völlige Stille ein.
Er sagte zu ihnen:
Warum habt ihr solche Angst?
Habt ihr noch keinen Glauben?

Aus dem Evangelium des Markus
(Mk 4, 38b–40)

Markus war Judenchrist aus Jerusalem. Er begleitete Paulus auf seiner ersten Reise und hielt sich später in Rom bei Paulus und Petrus auf. Sein Evangelium folgt wahrscheinlich Aufzeichnungen von Predigten, die Petrus gehalten hat, und ist für Heidenchristen geschrieben, da er alle jüdischen Begriffe und Bräuche genau erklärt. Das Markusevangelium ist das älteste der Evangelien und entstand kurz nach dem Tod des Petrus in Rom.

*Wer glaubt,
der zittert nicht!*

Ich kenne einen Mann,
wenn der einen getrunken hat,
dann flüchtet er vor meinem Wellensittich
unter den Tisch.
Das hat nichts mit Angst zu tun,
das scheint mir pure Feigheit.

Angst setzt nämlich klaren Verstand voraus
mit der Fähigkeit,
die eigene Kraft richtig einzuschätzen,
sie in Beziehung zu setzen
zu den anderen Kräften,
die uns begegnen.

Die Jünger im Boot auf dem See
schätzten ihre Schwimmkünste
richtig ein,
sie setzten sie in Beziehung
zu der mächtigen Kraft
der Wellen und des Sturmes –
deshalb hatten sie Angst –
das ist ganz natürlich!

Natürlich hatten die Pfadfinder Angst,
als sie im letzten Sommer
auf dem Wildwasser der Ardèche
ihre dünne Bootswand verglichen
mit den scharfen Kanten der Felsen,
auf die die rasende Strömung sie zutrieb.

Natürlich hatten wir Angst,
als diesen Sommer das Pferd durchging
und unser Wagen
in rasender Fahrt
die Hügel der Wicklow-Mountains
hinuntersauste.

Ich habe auch Angst,
wenn ich die ungeheure Kraft
der Atomenergie vergleiche
mit den dünnen Wänden der Reaktoren.

Ich habe auch Angst,
wenn ich mit meinen jungen Freunden
an die Zukunft denke:
an die große Zahl
der Studenten und Schulabgänger
und die geringe Zahl
der Studienplätze und Lehrstellen.

Angst setzt klaren Verstand voraus.
Und doch fragt Jesus:
„Warum habt ihr solche Angst?
Habt ihr noch keinen Glauben?"
Angst ist eine Frage der Klugheit.
Und doch sagt Papst Johannes:
„Wer glaubt, der zittert nicht!"
Ist denn Glauben und Angst ein Widerspruch?

Ist denn Glauben und Klugheit ein Widerspruch?
Irgendwie wahrscheinlich schon:
Wir haben Angst vor dem Stärkeren,
und trotzdem
ergreifen wir Partei für den Schwächeren.

Wir haben Angst vor den Nachbarn,
und trotzdem
laden wir die Gastarbeiterfamilie
zum Essen ein.
Wir haben Angst vor dem Ertrinken,
und trotzdem
gehen wir mit Petrus auf den See hinaus.
Wir haben Angst vor dem Verbrennen,
und trotzdem
lassen wir unser Herz
vom brennenden Dornbusch entzünden.
Wir haben Angst, berechtigte Angst –
doch unser Glaube treibt uns zur Tat.
Wir haben Angst, Fehler zu machen,
wenn wir etwas tun;
wir haben Angst, unser weißes Hochzeitsgewand
zu beschmutzen.
Aber es ist sicher besser,
zerschunden und abgerissen,
abgehetzt und ausgenutzt,
mit letzter Kraft vor den Herrn zu stolpern,
als an die Türen des Paradieses zu klopfen
mit leeren Händen.

Dann spüren wir,
daß du da bist

Herr, allmächtiger Gott,
du warst immer mit den Deinen auf dem Weg;
in dir sind auch wir geborgen.

Wenn wir Angst
vor den Starken dieser Welt haben:
ermutige uns, daß wir uns trotzdem
für die Schwachen einsetzen.

Wenn wir Angst
vor Nachbarn und Freunden haben:
ermutige uns, daß wir uns trotzdem
um Gastarbeiter kümmern.

Wenn wir Angst
um unseren guten Ruf haben:
ermutige uns, daß wir trotzdem
allen Menschen helfen.

Wenn wir dem Petrus
auf das Wasser des Sees folgen:
ergreife uns, damit wir nicht versinken.

Wenn wir uns mit dem Moses
dem brennenden Dornbusch nähern:
stecke mit der Flamme deines Geistes
unser Herz in Brand.

Dann spüren wir, daß du da bist.

Weil der Herr bei mir ist

Danket dem Herrn, denn er ist gut,
und seine Güte dauert alle Zeit.
In meiner Angst rief ich zum Herrn,
und der Herr hat mich aus der Angst befreit.
Weil der Herr bei mir ist,
brauche ich nichts zu fürchten;
was können mir Menschen dann noch antun?
Der Herr selbst ist mein treuer Beschützer;
ohne Angst kann ich meinen Feinden begegnen.
Denn es ist besser, auf den Herrn zu vertrauen,
als sich vor Menschen zu fürchten.
Selbst wenn mich die Ängste
umringen wie Bienen –
in der Kraft des Herrn werde ich sie besiegen.
Darum brauche ich nicht in Ängsten verharren;
der Herr ist bei mir auf all meinen Wegen.

Nach Psalm 118

13 Selbsterkenntnis

Maria Magdalena

Jesus ging in das Haus eines Pharisäers,
der ihn zum Essen eingeladen hatte,
und legte sich zu Tisch.
Als nun eine Sünderin, die in der Stadt lebte,
erfuhr, daß er im Haus des Pharisäers
bei Tisch war,
kam sie mit einem Alabastergefäß
voll wohlriechendem Öl
und trat von hinten an ihn heran.
Dabei weinte sie,
und ihre Tränen fielen auf seine Füße.
Sie trocknete seine Füße mit ihrem Haar,
küßte sie und salbte sie mit dem Öl.
Als der Pharisäer, der ihn eingeladen hatte,
das sah, dachte er:
Wenn er wirklich ein Prophet wäre,
müßte er wissen, was das für eine Frau ist,
von der er sich berühren läßt;
er wüßte, daß sie eine Sünderin ist.

Aus dem Evangelium des Lukas
(Lk 7, 36–39)

Erläuterung zu Lukas siehe Stufe 3

Unsere Selbstgerechtigkeit richtet uns

Diese Maria Magdalena:
seit zweitausend Jahren
geistert sie durch die Weltgeschichte
mit ihrem Salböl,
mit ihren Tränen,
mit ihrem langen Haar,
mit ihren Sünden.
Sie ist uns lästig mit ihren Tränen,
ein Stein des Anstoßes für die Gerechten.
Wir schweigen sie tot,
sie und ihre unaussprechlichen Sünden.

Und sie lebt trotzdem weiter.
Wenigstens einmal im Jahr
tritt sie uns gegenüber,
wahrscheinlich viel öfter.

Und weil Jesus selbst
diese peinliche Geschichte angestiftet hat,
können wir sie nicht aus der Bibel streichen;
obwohl wir es gerne täten.
Und deshalb ist der Stein des Anstoßes
eigentlich gar nicht die Maria Magdalena,
sondern Jesus Christus.
Während wir meinen, die Sünderin totzuschweigen
aus falscher Scham und Prüderie,
schweigen wir Jesus tot,
denken ihn tot.
Und das ist viel schlimmer!

Wir denken über diesen Jesus hinweg,
der sich über einen umkehrenden Sünder
mehr freut als über tausend Gerechte;
wir löschen diesen Jesus
aus unserem Gedächtnis,
der die Landstreicher
von den Hecken und Zäunen
in seinen Himmel holt
und der die eingeladenen Gerechten
draußen läßt;
wir wollen nicht wahrhaben,
daß der Gerechte weniger Liebe hat
als der Sünder.
Wir denken diesen Jesus tot,
wir denken diese Vergebung tot,
weil wir diese Gerechten sind,
diese Menschen ohne Sünde,
denen nichts zu vergeben ist,
denen darum auch nichts vergeben wird.

Unsere eingebildete Gerechtigkeit
tötet die Liebe Gottes,
unsere Selbstgerechtigkeit richtet uns:
wenn wir nicht mehr bereit sind,
Schuld zu bekennen
und vergebende Liebe zu empfangen;
wenn wir Vorurteile über Menschen haben,
sie *vor-verurteilen*,
bevor wir sie kennen,
wenn wir uns für besser, für gerechter halten
als andere
und gar nicht auf den Gedanken kommen,
daß auch andere Recht haben könnten,
daß Gespräche miteinander

zueinander führen können,
daß Kompromisse möglich sind.

Und wenn wir in Ruhe
ein solches „gerechtes" Leben
weiterleben wollen,
dann müssen wir diesen Jesus weiter totdenken;
dann müssen wir die Geschichte
der Maria Magdalena
schnell aus unserem Gedächtnis streichen;
dann dürfen wir nicht auf den Gedanken kommen,
wir könnten etwa Unrecht haben,
wir könnten je etwas falsch machen,
wir könnten etwa sündigen.

Denn sonst wäre es ja aus
mit unserer christlichen Grabesruhe;
das wäre ja die Zerstörung
unserer selbstgerechten Überheblichkeit.

Aber dafür würde die Liebe Gottes
unsere Herzen in Brand stecken.

Stecke unsere Herzen in Brand

Herr Jesus Christus,
du bist auf die Welt gekommen,
die Sünder zu berufen.
Diejenigen, die sich für gerecht halten,
hast du verurteilt.

Hindere uns daran,
selbstgerecht andere zu verurteilen.
Schenke uns die Erkenntnis unseres Versagens,
damit wir Vergebung erlangen.
Gib uns die Bereitschaft,
unser Schuldigwerden und Schuldigbleiben
zu bekennen.
Laß uns nicht uns selbst
für gerechter halten als andere.
Bringe uns auf den Gedanken,
daß auch andere Recht haben.
Gib uns den Willen,
Gespräche miteinander zu führen,
bevor wir andere verurteilen.
Bewahre uns vor einer ,,christlichen Grabesruhe''
und stecke mit deiner Liebe
unsere Herzen in Brand.

Dann werden auch wir von dir Verzeihung
erlangen in dem Maß,
in dem wir bereit sind,
anderen zu vergeben.

Gib mich nicht auf, Herr

Gott, schenke mir deine Gnade,
nimm hinweg von mir meine Schuld.
Ich erkenne,
daß ich Schuld auf mich geladen habe,
meine Schuldigkeit steht mir klar vor Augen.
Ich habe gegen deinen Willen gehandelt,
so daß du keinen Gefallen mehr an mir hast.
Du bist der gerechte Richter,
deine Urteile zweifle ich nicht an.
Gott, schaue nicht auf meine Sünden,
nimm hinweg von mir meine Schuld.
Reinige mein Herz
und verändere meinen Geist.
Gib mich nicht auf, Herr, unser Gott,
bleibe bei mir mit deinem Heiligen Geist.
Mache mich wieder froh durch deine Vergebung,
und gib mir einen guten Geist.

Nach Psalm 51

14 Größe

Rangstreit der Jünger

Sie kamen nach Kafarnaum.
Als Jesus dann im Haus war,
fragte er sie:
Worüber habt ihr unterwegs gesprochen?
Sie schwiegen,
denn sie hatten unterwegs miteinander
darüber gesprochen,
wer von ihnen der Größte sei.
Da setzte er sich, rief die Zwölf
und sagte zu ihnen:
Wer der Erste sein will,
soll der Letzte von allen
und der Diener aller sein.

Aus dem Evangelium des Markus
(Mk 9, 33–35)

Erläuterung zu Markus siehe Stufe 12

Neid ist die Wurzel

Wer ist der Größte unter den Jüngern?
Selbst diese Männer,
die Haus und Hof,
die alles zurückgelassen haben,
um Jesus nachzufolgen,
selbst diese Männer werden versucht
von Neid, Eifersucht und Ehrgeiz.
Wenn es das sogar bei den Jüngern Jesu gibt,
dann könnte ich vielleicht auf die Idee kommen,
daß das alles gar nicht so schlimm sei:
Neid, Eifersucht, Ehrgeiz.

Aber Neid, Eifersucht und Ehrgeiz
sind die Ursachen
für alle Streitigkeiten im Kleinen
und für alle Kriege im Großen.
Neid erstickt nicht nur
die Lebensfreude der anderen,
er drückt auch meiner eigenen
Lebensfreude die Luft ab.
Eifersucht macht nicht nur
meinen Freunden das Leben zur Hölle,
sie treibt mich auch selbst
in unstete Ruhelosigkeit.
Ehrgeiz zerstört nicht nur
Kameradschaft und Freundschaft,
er verwandelt auch mich selbst.
Streit vergiftet nicht nur die Atmosphäre,
er vergiftet auch unser Herz.

Krieg tötet nicht nur fremde Völker,
er kann auch uns vernichten.

Wie ich mit all dem fertigwerde?
Wie ich mich *nicht* selbst zerstöre?
Wie ich überlebe?
Indem ich gegen den Ehrgeiz
den Dienst am Nächsten setze,
gegen die Eifersucht
eine ehrliche Selbsteinschätzung,
gegen den Neid
die Achtung vor dem Anderen,
gegen den Streit die Versöhnung,
gegen den Krieg das Friedenstiften.

Ein Gärtner wird es nie zu etwas bringen,
wenn er sich einzig und allein
auf die Ausrottung des Unkrauts konzentriert.
Seine Pflanzen gedeihen nur,
wenn er seine ganze Arbeitskraft
auf sie verwendet,
wenn er sie hegt und pflegt,
damit sie immer stärker werden und kräftiger.
Dann kann ihnen das Unkraut
nichts mehr anhaben.
Neid, Eifersucht, Ehrgeiz:
all das Böse in mir
kann ich nur mit dem Guten bekämpfen.
Das ist dann wahre Größe.

Jesus, unser Bruder

Jesus, du bist unser Bruder.
Du hast gesagt: Wer der Erste sein will,
soll der Letzte von allen
und der Diener aller sein.

Laß uns erkennen,
daß Neid, Eifersucht und Ehrgeiz
die Ursachen für viele Übel sind.
Gib uns gegen den Neid
eine höhere Achtung vor unseren Brüdern.
Schenke uns gegen die Eifersucht
eine ehrliche Selbsteinschätzung.
Laß uns gegen den Ehrgeiz
den Dienst am Nächsten setzen.
Gib, daß wir das Böse in uns
mit dem Guten bekämpfen.
Befähige uns zur Versöhnung im Streit.
Hilf uns beim Friedenstiften.
Denn du hast uns Frieden
und Versöhnung geschenkt,
weil du selbst der Frieden bist.

Das will ich nicht länger mit ansehen

Hilf uns, Herr,
die guten Menschen werden immer weniger,
und das Vertrauen unter den Menschen schwindet.
Einer lügt den anderen an,
sie beneiden und verleumden einander.
Herr, vernichte alle Lüge
und schenke jedem,
der schlecht über andere redet,
Einsicht in sein Tun.
Denn sie bilden sich ein,
ihr Ehrgeiz sei nützlich;
sie glauben, Eifersucht sei eine Stärke.
So werden die Schwachen unterdrückt,
und die Gutmütigen werden ausgenutzt.
Darum spricht Gott:
Das will ich nicht länger mit ansehen,
ich werde meine Hand erheben,
die Guten schützen.
Du, Herr, wirst uns behüten,
du wirst uns helfen,
Neid, Eifersucht und Ehrgeiz
zu bekämpfen.

Nach Psalm 12

15 Felsenfest

Vom Haus auf dem Felsen

Wer diese meine Worte hört
und danach handelt,
ist wie ein kluger Mann,
der sein Haus auf Fels baute.
Als nun ein Wolkenbruch kam
und die Wassermassen heranfluteten,
als die Stürme tobten
und an dem Haus rüttelten,
da stürzte es nicht ein;
denn es war auf Fels gebaut.

Aus dem Evangelium des Matthäus
(Mt 7, 24–25)

Erläuterung zu Matthäus siehe Stufe 7

Auf Sand gebaut

Giovanni und Carlo,
zwei Neapolitaner, die ich am Strand
von Scalea kennenlernte.
Ich war nach Kalabrien gefahren,
um ein paar Tage Urlaub zu machen:
azurblauer Himmel,
herrlicher Strand und brennende Sonne.
Wir hatten zusammen in den Wellen getobt,
in der Sonne gebraten.
Mehr aus Langeweile
spielte ich mit den Kieselsteinen,
die am Strand herumlagen.
Ich baute kleine Türmchen
und entdeckte ein einfaches Spiel:
Einer legt einen Stein in den Sand,
der nächste einen Stein darauf
und so weiter –
bis der Turm zusammenstürzt.
Wessen Stein den Turm zusammenstürzen läßt,
der bekommt einen Minuspunkt.

Wir spielten dieses Spiel
über eine Stunde lang mit viel Spaß.
Am Ende des Spieles kam mir der Gedanke,
daß es in unserem Leben oft ähnlich ist
wie bei diesem Turmbauspiel:
Wir setzen einen Stein auf den anderen,
den größten und breitesten unten;
die Steine müssen immer kleiner werden,

je weiter wir nach oben hin gelangen,
und schließlich bringt ein klitzekleiner Stein,
den wir noch obendrauf setzen wollen,
den ganzen Turm zum Einsturz.

Um unser Leben zu bewältigen,
brauchen wir ein breites
und stabiles Fundament,
das den Turm unseres Lebens trägt.
Wie oft besteht das Fundament unseres Glaubens
nur aus dem kleinen Stein dessen,
was wir als Kinder gelernt haben:
Kinderglauben.
Und wir wundern uns dann,
wenn unser Glaubensturm
bei jedem Windhauch wackelt und schwankt.

Und dann ist da noch
das „Zu-hoch-hinaus-Wollen":
Wir schichten in unserem Leben
Stein auf Stein,
aber selbst das stabilste Fundament
kann nicht verhindern,
daß schließlich der Turm einstürzt,
wenn wir zu hoch hinaus wollen –
wenn wir statt des soliden Hauses
einen Wolkenkratzer auf den Felsen bauen.
Das wäre dann unser persönlicher
Turmbau zu Babel.

Gib uns genügend Klugheit

Gott, du bist der Schöpfer der ganzen Welt
und der Beschützer allen Lebens.
In den Gesetzmäßigkeiten deiner Schöpfung
gibt es für uns manche Hinweise
und Hilfen für unser Leben.
Öffne unsere Augen,
daß wir diese Hinweise sehen,
und gib uns Anstoß,
die notwendigen Schlußfolgerungen
für unser Leben zu ziehen.

Wir bauen das Haus unseres Lebens
und setzen Stein auf Stein.
Gib du uns genügend Klugheit und Einsicht,
daß aus unserem Bauvorhaben
kein Geröllhaufen wird
und daß wir nicht überheblich werden
und zu hoch hinauswollen.

Oft schenken wir auch unserem Fundament
zu wenig Beachtung.
Wir denken meist nicht daran,
daß das Haus unseres Lebens
ohne das Fundament des Glaubens
vom Einsturz bedroht ist.
Wir wollen aufmerksamer die Tragfähigkeit
unseres Fundamentes beobachten.
Wir wollen uns weiterbilden und dadurch
das Fundament unseres Glaubens verstärken.

Wenn der Herr
das Haus nicht baut...

Wenn der Herr das Haus nicht baut,
bauen die Bauleute vergeblich.
Wenn der Herr nicht die Stadt bewacht,
wachen die Wächter umsonst.
Es ist nutzlos, wenn ihr morgens früh aufsteht
und arbeitet bis spät in die Nacht.
Ohne den Herrn ist all euer Mühen sinnlos,
aber den Seinen gibt es der Herr
sogar im Schlaf.

Nach Psalm 127

16 Hoffen

Die Jakobsleiter

Jakob verließ Beerscheba
und kam auf dem Wege nach Haran
am Abend,
als die Sonne untergegangen war,
an eine Stätte, an der er
über Nacht bleiben konnte.
Er nahm einen Stein von dem Platz,
setzte ihn ans Kopfende seines Lagers
und legte sich zum Schlafen nieder.
Da hatte er einen Traum:
Eine Leiter stand auf der Erde,
die berührte mit der Spitze den Himmel,
und Engel Gottes stiegen daran auf und nieder.
Der Herr stand über ihr und sprach zu ihm.

Aus dem 1. Buch des Mose (Genesis)
(Gen 28, 10–13a)

Mose führte das Volk Israel aus Ägypten. Auf dem vierzigjährigen Weg durch die Wüste empfing er auf dem Berg Sinai die Gebote und schloß dort den Bund des Volkes Israel mit Gott. Mose ist der große Führer des jüdischen Volkes. Die fünf Bücher Mose sind eine Sammlung von Berichten, Gesetzen usw., die aber nicht alle von ihm verfaßt wurden. – Jakob war der Stammvater des Volkes Israel.

Wir haben einen Traum – und leben von Hoffnung

Wir haben einen Traum
und sehen die Leiter des Jakob vor uns stehen,
eine Leiter,
die von der Erde zum Himmel reicht,
eine Leiter,
auf der die Engel Gottes auf und nieder steigen,
eine Leiter,
über der steht der Herr und spricht.
Wir träumen von Hoffnung,
und die Hoffnung ist wie eine Leiter,
die fest auf der Erde verankert ist.
Eine Leiter
braucht festen Boden unter den Füßen.
Eine Hoffnung ohne festen Boden ist bodenlos,
eine Hoffnung ohne festen Grund ist grundlos:
Illusion – Fata Morgana.
Sammle Steine
für das Fundament deiner Hoffnung,
sonst bist du die Hoffnung los –
hoffnungslos.

Wir träumen von Hoffnung,
und die Hoffnung ist wie eine Leiter,
die hoch oben angelehnt ist
an einen Haltepunkt.
Ohne diesen Haltepunkt fällt sie um
und erschlägt die, die sich unter ihr befinden.
Hoffnung ohne Halt ist haltlos,
sie kann nichts halten,

du kannst nichts von ihr halten –
sie hält nichts.

Wir träumen von Hoffnung,
und die Hoffnung ist wie eine Leiter,
die im Wind schwankt
und ihre Richtung verändert,
wenn nicht unten gute Freunde stehen,
auf deren Hand ich mich verlassen kann.

Wir träumen von Hoffnung,
und die Hoffnung ist wie eine Leiter,
auf der wir emporsteigen
und den Schmutz der Erde
von den Füßen schütteln,
aus dem Dunkel vordringen zum Licht.

Hoffnung braucht festen Grund,
einen Haltepunkt oben,
gute Freunde, die sie halten und tragen.
Wir brauchen Hoffnung,
weil wir ohne Hoffnung sterben,
weil wir ohne die Himmelsleiter Hoffnung
am Boden liegen.

Gib du uns Halt

Du Gott des Alten Bundes und des Volkes Israel,
du Gott, der mit seinem Volk unterwegs war
und es schützte,
du Gott, der auch mit uns ist
und uns Hoffnung gibt:

Sei du der Grund unserer Hoffnung,
der Boden unter unseren Füßen.
Gib du uns Halt, wenn wir haltlos werden.
Laß uns Menschen finden,
die mit uns hoffen,
die unsere Hoffnung mittragen.

Wenn wir in Hoffnungslosigkeit versinken,
wenn alle Menschen uns verlassen,
dann sei du bei uns,
bis sich unsere Hoffnung erfüllt
in deinem Sohn Jesus Christus.

Der Herr ist unsere Hoffnung

Halleluja. Lobt den Herrn.
Gerne singen wir ihm unser Lob.
Solange ich lebe, will ich den Herrn loben.
Ich will vor ihm singen mein Leben lang.
Es hat keinen Sinn,
sich nur auf Menschen zu verlassen,
sie schwanken wie die Blätter im Wind.
Ständig macht er neue Pläne,
auf den Menschen ist kein Verlaß.
Nur wer seine Hilfe von Gott erhält,
der ist zu retten,
wer seine Hoffnung auf den Herrn setzt.
Denn Gott hat Himmel und Erde geschaffen,
und er hält uns immer die Treue.
Er ist das Fundament unserer Hoffnung
und der Halt unseres Hoffens;
denn er befreit, die gefangen sind,
und schafft Recht den Unterdrückten;
er macht die Hungernden satt
und gibt den Blinden das Augenlicht.
Darum verlassen wir uns auf Gott
in unserem Hoffen;
auf ihn ist Verlaß,
denn er herrscht in Ewigkeit.

Nach Psalm 146

Von unserer Pflicht, heilig zu werden

Vor Jahren
habe ich in einem alten Buch gelesen,
der heilige Nikolaus
sei schon als Säugling so heilig gewesen,
daß er freitags die Mutterbrust
verweigert habe.
Vom heiligen Aloysius las ich
in einem nicht weniger ehrwürdigen Buch,
er sei als kleiner Junge
schon so keusch gewesen,
daß er selbst beim Waschen seiner nackten Füße
einen roten Kopf bekam.
Und schließlich
fand ich die Geschichte
eines Franziskaners in Spanien.
Der war so heilig – wird berichtet –,
daß er beim Nachdenken
über die Heilige Dreifaltigkeit
derartig in Hitze geriet,
daß in seinem Badewasser ein Ei zum Kochen kam.
Bei unserer Energieknappheit
wäre dies sicher eine gute Sache.

Ob derlei Geschichten aber auch
eine gute Sache sind
für die Vorstellung,
die wir von unseren Heiligen haben,
ob solche Geschichten
uns anregen können,

uns um Heiligkeit zu mühen,
das möchte ich stark bezweifeln.

Ich möchte auch bezweifeln,
daß die Vorstellungen stimmen,
die wir so landläufig von einem Heiligen haben:
daß er etwa den ganzen Tag
mit einem Demutswinkel
von 45 Grad herumläuft,
daß er vor lauter Heiligkeit
vom Erdboden „abhebt"
und andauernd
in einem rosaroten Himmel schwebt.
Könnte es nicht sein,
daß all diese Vorstellungen
absolut falsch sind?
Könnte nicht eher
unsere Heiligkeit darin bestehen,
daß wir wohl Wärme entwickeln,
*Herzens*wärme aber,
die in unserer Umgebung
die Kälte des Mißtrauens verdrängt?
Ich glaube,
heilig ist derjenige,
der den tiefgefrorenen Boden
des Hasses und Neides
durch die Wärme
seiner brüderlichen Hinwendung auftaut;
heilig ist der,
der das Dunkel der Verzweiflung
und der Hoffnungslosigkeit
ein wenig heller macht
durch das Licht seiner Menschlichkeit;
heilig ist der,

der sich dem Heil Gottes zuwendet
und der dieses Heil weitergibt an die anderen,
damit auch sie teilhaben an dem Heil:
heil werden –
heilig.

Natürlich verlangt dies
ein wenig mehr Mühe,
ein wenig mehr Anstrengungen,
als wir sie im allgemeinen
aufzuwenden bereit sind.

Aber glaubt denn wohl
auch nur ein einziger unter uns
allen Ernstes,
daß er,
nachdem er sich sein ganzes Leben lang
ausschließlich über Regenschirme und Schnupfen,
über das Wetter und andere Belanglosigkeiten
unterhalten hat,
rechnet denn einer von uns allen Ernstes damit,
daß er nach solch einem langweiligen Leben
„schnurstracks in die Gegenwart Gottes
hineinstolpert?" (Bruce Marshall)

Nachwort

Das waren einige Stufen.
Als Beispiele.
Wir müssen unsere eigenen Stufen suchen.
Manchmal werden sie uns angeboten,
manchmal müssen wir sie
in harten Fels schlagen.
Die Heilige Schrift
kann uns die Richtung weisen
und das Leben selbst,
wenn wir unsere Augen nicht verschließen.

Um diese Stufen aufzuschreiben,
habe ich die Heilige Schrift
nicht im Studierzimmer
des Bibelwissenschaftlers studiert.
Ich habe sie vielmehr
bei mir getragen
auf vielen Wegen und Wanderungen:
in meinem Rucksack
auf den Höhenwegen des Rheins
und in der Lüneburger Heide,
im Kajak auf dem Wildwasser des Ardèche-Cañons,
im Horse-drawn-Caravan
quer durch die Wicklow-Mountains,
im Auto auf dem Weg nach Ephesus.
Ich habe die Heilige Schrift gebraucht –
verzehrt –
wie das tägliche Brot.
Dazu habe ich verschiedene
Bibelausgaben benutzt,
welche ich gerade zur Hand hatte.

Bei den Schriftstellen
zum Einstieg in jede Stufe:
die Einheitsübersetzung der
Katholischen Bibelanstalt in Stuttgart
für die neutestamentlichen Stellen
(vom Verlag auf den neuesten Stand,
die 1. Auflage der Endfassung, gebracht);
für die alttestamentlichen Stellen
die Zürcher Bibel,
wobei ich manche Passagen
in eine modernere Sprache umgesetzt habe.
Bei den Psalmen habe ich als Grundlage
für meine Nachdichtungen
weitgehend die Psalmenübersetzungen
des „Gotteslob" benutzt,
für die Psalmen 39, 106, 112, 103, 127
ebenfalls die Zürcher Bibel.

Ich habe die Erlebnisse unterwegs
in ein Heft geschrieben,
dazu die Bibelstelle,
die Gebete und die Psalmen.
So sind sie in dieses Buch gelangt.
Die Bibelwissenschaftler
mögen mir verzeihen.